O filho
PRÓDIGO

- @editoraquadrante
- @editoraquadrante
- @quadranteeditora
- Quadrante

Título original
L'enfant prodigue

Copyright © 2017 Quadrante Editora

Capa
Gabriela Haeitmann

Dados Internacionais de Catalogação na Publicação (CIP)

Chevrot, Georges
O filho pródigo / Georges Chevrot; tradução de Louise Bianchi –
5ª ed. – São Paulo: Quadrante Editora, 2024.

ISBN: 978-85-7465-649-6

1. Perdão – Aspectos religiosos 2. Vida cristã I. Título

CDD–234.5

Índices para catálogo sistemático:
1. Perdão : Doutrina cristã : Cristianismo 234.5

Todos os direitos reservados a
QUADRANTE EDITORA
Rua Bernardo da Veiga, 47 - Tel.: 3873-2270
CEP 01252-020 - São Paulo - SP
www.quadrante.com.br / atendimento@quadrante.com.br

O filho
PRÓDIGO

Georges Chevrot

5ª edição

Sumário

O arrependimento   9

A conversão   37

Naquele tempo disse Jesus aos seus discípulos: Um homem tinha dois filhos, e o mais jovem disse a seu pai: «Pai, dá-me a parte da herança que me cabe». E ele repartiu entre eles os seus bens. E, passados alguns dias, o filho mais novo, reunindo tudo, partiu para uma terra distante e ali dissipou os seus bens, vivendo dissolutamente. Depois de gastar tudo, sobreveio uma grande fome àquela terra, e ele começou a sofrer necessidade. Foi, pois, e pôs-se a serviço de um dos cidadãos daquela terra, que o mandou para os seus campos guardar porcos. E ele desejava encher o seu ventre das bolotas que os porcos comiam, e ninguém lhas dava.

Caindo em si, disse: «Quantos jornaleiros de meu pai têm pão em abundância, e eu aqui morro de fome! Levantar-me-ei e irei para meu pai e lhe direi: Pai, pequei contra o céu e contra ti. Já não sou digno de ser chamado teu filho; trata-me como um dos teus jornaleiros».

E, levantando-se, foi para seu pai. Quando ainda estava longe, seu pai o viu e, compadecido, correu-lhe ao encontro e se lançou ao seu pescoço e o cobriu de beijos. E o filho disse-lhe: «Pai, pequei contra o céu e contra ti; já não sou digno de ser chamado teu filho». Mas o pai disse aos servos: «Trazei-me depressa a túnica mais rica e vesti-lha, e metei-lhe um anel no

O filho **PRÓDIGO**

dedo e calçados nos pés; trazei também um novilho gordo, e matai-o, e comamos e alegremo-nos, porque este meu filho estava morto e reviveu; tinha-se perdido e foi encontrado». E puseram-se a celebrar a festa.

Ora, o filho mais velho estava no campo, e quando regressava e se ia aproximando da casa, ouviu a música e os coros; e, chamando um dos servos, perguntou-lhe que era aquilo. Este lhe disse: «Teu irmão voltou, e teu pai mandou matar um novilho gordo, porque o recuperou são». Ele indignou-se e não queria entrar; mas o pai saiu e insistiu com ele. Ele, porém, respondeu e disse ao pai: «Há tantos anos que te sirvo, sem jamais haver transgredido nenhum dos teus mandamentos, e nunca me deste sequer um cabrito para eu me banquetear com os meus amigos; mas agora que voltou este teu filho, que devorou os seus bens com meretrizes, matas para ele o novilho gordo!». Mas o pai disse-lhe: «Filho, tu estás sempre comigo, e tudo o que é meu é teu; mas era preciso que tivéssemos festa e alegria, porque este teu irmão estava morto e reviveu; tinha-se perdido e foi encontrado» (Lc 15, 11-32).

O arrependimento

Já se disse desta parábola que ela constitui um pequeno Evangelho dentro do Evangelho. É um ponto de vista excessivo, pois a parábola do filho pródigo não contém todas as riquezas da doutrina cristã. Mas, pelo menos, o Senhor nos dirige através dela um apelo emocionante à conversão, e esse é exatamente o objetivo destas páginas.

Nas vésperas da Vigília pascal, todos nós, cristãos, nos preparamos para renovar os nossos compromissos batismais. Trata-se, portanto, de nos arrependermos dos nossos pecados, de nos convertermos generosamente a Jesus Cristo, a fim de recomeçarmos com novo ardor a vida cristã. Arrepender-se, converter-se, recomeçar: eis as etapas do nosso itinerário espiritual.

Vejamos em primeiro lugar, para tomarmos consciência da necessidade de nos arrependermos, o que a parábola nos ensina sobre a infelicidade causada pelo pecado e sobre a miséria do pecador. É preciso confessar que, se esta parábola não tivesse um significado escondido — que nos esforçaremos por descobrir —, seria a mais inverossímil das histórias.

Um homem tinha dois filhos. Pergunto-vos: a qual dos dois prefeririamos parecer-nos? Um não soube guardar a sua alma, o outro não soube dar o seu coração. Ambos entristeceram o seu pai. Ambos se mostraram duros para com ele. Nenhum dos dois soube reconhecer a sua bondade: um, pela sua desobediência; o outro, apesar da sua obediência. A quem desejaríamos parecer-nos? Ao perdulário ou ao calculista? Pois não há um terceiro filho que possamos escolher, e não temos outra saída senão admitir que somos um ou outro, ou talvez um e outro.

Estranhos filhos, com efeito. Mas é necessário acrescentar: estranho pai, que não tem a menor preocupação pela sua dignidade, que não impõe a sua autoridade. Não faz nada para opor-se aos caprichos insolentes e insensatos do filho mais novo. Não só não lhe corta a mesada — coisa que todos nós teríamos feito num caso semelhante —, como nem sequer se esforça por fazê-lo cair em si. Escutemos esse filho leviano: *«Pai, dá-me a parte da herança que me cabe». E ele repartiu entre eles os seus bens.* Não podia ser mais fácil. Deixa-se espoliar por esse moleque, sem fazer ouvir a menor palavra de recriminação.

E o final da história não é mais edificante do que o começo: quando o filho mais velho se recusa a tomar parte na festa, é o pai que tem de levantar-se da mesa para lhe pedir que entre. Que casa é essa, afinal, em que são os filhos que mandam? Quando é que o pai dirá de uma vez por todas: «eu quero», «eu ordeno»? Estamos certamente de acordo em que esse pai educou muito mal os seus dois filhos.

Mas não nos encontramos numa casa da terra. Esse pai que pede em vez de mandar, que dá e não sabe recusar, que perdoa em vez de punir, esse pai não tem similar aqui em baixo. É o nosso Pai dos Céus, Aquele cujo nome São João nos deu a conhecer: *Deus é Amor* (1 Jo 4, 8). Nós reconhecemos muito bem os traços da parábola: um Deus que se cala e se apaga, um Deus que dá e que perdoa. Ele não nos impôs senão uma única lei: *Tu amarás*.

Na casa do Pai, os filhos não trabalham pelo salário; são felizes ocupando-se nos trabalhos de seu Pai, e o Pai é feliz fazendo-os participar dos seus bens. Nessa casa, as pessoas só ambicionam amar-se sempre mais umas às outras. Mas essa casa, que não encontra equivalente entre as nossas famílias terrenas, não deixa de existir sobre a face da terra.

Nós pertencemos a ela: é a Igreja, que nos incorpora a Cristo e nos torna filhos de Deus. Na Igreja, e por ela, temos tudo em comum com os nossos irmãos e temos tudo em comum com o nosso pai dos Céus. Esse estado feliz, iniciado no Batismo, reafirmado pela Confirmação, aumentado pela Eucaristia, nós o chamamos estado de graça.

O amor é a única lei na casa do Pai. Ora, o amor tem por condição a liberdade. Nenhum ser vivo pode ser forçado a amar, e nenhum quereria ser amado à força. A liberdade é a condição do amor e o amor é a renovação perpétua da liberdade. Deus, que nos ama — e porque nos ama, não espera e não quer de nós senão amor —, correu o grande risco do amor e, por nós, o grande risco da liberdade. Nós temos, sim, o prodigioso e triste poder de recusar-lhe ou regatear-lhe o nosso amor. É a história dos dois filhos da parábola, a história do pecado, a nossa própria história.

Falemos inicialmente do pecado grave, daquele que faz perder o estado de graça, suprimindo em nós a vida divina.

O pecado, recusa do Amor

O mais jovem disse a seu pai: Pai, dá-me a parte da herança que me toca. E ele repartiu entre eles os seus bens. E, passados alguns dias, o filho mais novo, reunindo tudo, partiu para uma terra distante. Não, o pai não podia retê-lo à força, as portas de sua casa não estão aferrolhadas. O amor é exigente, mas não pode ser exigido. O pecado, recusa do amor, manifesta imediatamente que é uma desordem. O filho manda, o pai obedece; é o mundo virado ao avesso.

Todos nós deixamos a casa paterna na pessoa de Adão, o primeiro pecador. Cada um dos nossos pecados mergulha as suas raízes nessa primeira partida, nessa primeira separação. Cada um dos nossos pecados é a repetição do pecado original. Que queria Adão, o primeiro pecador? Criado livre por um privilégio único em toda a Criação, quis usar da sua liberdade a seu gosto, não para obedecer, mas para mandar.

A narrativa bíblica está na memória de todos nós. O fruto proibido é o fruto da árvore da ciência do bem e do mal; se eles o comem — sussurra-lhes o Tentador —, serão como Deus, pois poderão determinar por si próprios o que é o bem e o que é o mal. Já não será Deus quem determinará o bem e o mal, mas eles. Serão eles os senhores de si próprios. Adão quis ser o seu próprio senhor, quis a liberdade de ser independente de Deus — de ser sem-Deus —; consequentemente, quis estar longe dEle: *partiu para uma terra distante.*

O filho mais novo da parábola — e, como ele, quem quer que voluntariamente cometa um pecado mortal — renovará pela sua rebeldia a separação, a partida de Adão. Partirá e deixará o pai. É nisto que consiste o pecado.

«Não servirei»

O filho mais velho aludirá às libertinagens do irmão, e nós poderíamos deduzir daí que foi nisso que consistiu o pecado do mais novo; mas deste modo restringiríamos a lição da parábola às faltas contra a castidade.

Muitos católicos, com efeito, não enxergam o pecado senão nas transgressões do sexto mandamento.

Se não pecaram contra esse mandamento, não pecaram. Deve-se reconhecer, em sua defesa, que muitos pregadores, quando falam do pecado, parecem não ter em vista senão esse tipo de pecado, a julgar pelas descrições que fazem. Mas, do fato óbvio de esta falta ser frequente, não se pode concluir que seja a mais grave.

A impiedade, o desprezo da religião — que os profetas de Israel comparavam ao adultério —; a cólera e todas as formas de homicídios; a cupidez, a avareza e todas as formas de roubo; a malícia, a calúnia e todas as formas de mentira; todas as variedades do pecado — sem esquecer as faltas de omissão: a do rico, por exemplo, que olha com indiferença o pobre Lázaro estendido à soleira da sua porta — não são menos graves que as faltas de impureza. E o pecado, propriamente falando, não reside nessas espécies de faltas. O filho mais novo deixou o pai, não porque quisesse levar uma vida dissoluta, mas porque não queria continuar a obedecer-lhe, porque queria tomar o lugar do pai.

Davi — o santo rei Davi, como o chamamos —, que tantas vezes nos é proposto na Bíblia,

O arrependimento

na liturgia e no ensinamento habitual da Igreja como modelo dos penitentes; esse pecador que se tornou culpado de adultério, de homicídio e de escândalo, quando examina o seu pecado diante de Deus, não pensa no escândalo que causou, nem na morte que ocasionou, nem no adultério que cometeu: *Tibi soli peccavi*, contra Ti, contra Ti somente pequei! (Sl 50, 6).

O pecado do filho pródigo começou no dia em que deixou de amar o pai acima de tudo e mais do que a si mesmo. Seu pecado foi ganhando corpo à medida que ele se foi sentindo asfixiado nessa casa cuja monotonia lhe pesava, à medida que o amor voltado para si mesmo, o egoísmo, foi ultrapassando o amor que até então tivera pelo pai. Seu pecado esteve primeiro no seu espírito: é sempre lá que importa descobrir o pecado. O pecado surgiu quando ele disse de si para si: afinal de contas, tenho o direito de agir conforme me apetecer; não dependo senão de mim mesmo. O pecado é a revolta do eu contra Deus. É o *non serviam*, o «não servirei» dos anjos maus.

RAMO SEPARADO DO TRONCO

Mas o pai do filho pródigo nada podia fazer senão deixá-lo partir. Podemos pensar: mesmo que nada fizesse para reter esse filho ingrato, por

O filho **PRÓDIGO**

que tinha de entregar-lhe imediatamente a sua parte da herança?

Por quê? Em primeiro lugar, porque o nosso Pai dos Céus faz nascer o seu sol e cair a sua chuva sobre a lavoura do mau e do ímpio, tanto quanto sobre a lavoura do bom e do justo. Por outro lado, que vantagem teria o nosso Pai dos Céus em retirar do pecador os seus bens, se já não contava com o seu amor? Ele não deseja senão a nossa afeição. O pecador já não quer saber dEle? Só dá valor às riquezas paternas? Pois bem, que as tome, que as guarde, que as leve. Aliás, esse pretendente à autonomia não poderá exercê-la senão utilizando-se da herança paterna: dissipou a fortuna do seu pai.

O pecador ofende a Deus com aquilo que dEle recebeu. Para chegar ao seu estado de pecado, serve--se precisamente da inteligência pela qual Deus o criou à sua semelhança, confisca em proveito próprio os bens da terra que Deus outorgou à comunidade dos homens. O dinheiro que recebeu permitir-lhe-á saciar as suas paixões, garantir os seus interesses; O pecador serve-se contra Deus dos bens de Deus.

Dissipou os seus bens: estas palavras revelam um sentido mais profundo quando o pecador é cristão, pois seria inexato afirmar que todas as obras do pecador são más. Muitos pecadores têm uma conduta exterior irrepreensível. Há muitos que praticam o bem. Suas obras não são todas más. Mas são desperdiçadas, perdem-se para o céu, pois o mérito sobrenatural é inerente ao estado de graça.

Essa fortuna que o cristão dissipa é a sua parte na herança celeste. É a vida eterna, que recebe de Deus e que é algo do próprio Deus. O cristão pecador já não é senão um ramo separado do tronco. Já não recebe seiva. Está privado de vida. Vai mirrando, e em breve não passará de madeira morta, boa, quando muito, para uma fogueira. Nada lhe resta das reservas que acumulou com as suas orações, os seus esforços, a sua fé, o seu zelo: arruinou-se*.

Dissipou os seus bens vivendo *luxuriose:* não traduzamos a palavra pela correspondência de sons, porque nos arriscaríamos novamente a restringir à luxúria o caso genérico do filho pródigo. *Luxuriose* traduz-se melhor por «sem equilíbrio», «sem moderação», como alguém que perdeu o domínio de si mesmo.

É este detalhe que caracteriza perfeitamente a miséria daquele que recusa o amor de Deus: desejaria ser senhor de si próprio, ser o seu único senhor, e perde imediatamente o domínio de si.

---

* Quando alguém comete um pecado mortal, perde a graça santificante e ficam invalidados os merecimentos sobrenaturais até então conseguidos com as boas obras: como diz o autor, há uma perda de reservas. Mas, quando o pecador arrependido recupera a graça santificante — normalmente fazendo uma boa confissão —, a Igreja ensina que os méritos anteriores são recuperados: «reviveu». [N. T.]

O filho **PRÓDIGO**

Pretendia conquistar a sua liberdade; na realidade, alienou-a.

O PECADO E A LIBERDADE

Não pensemos que o pecado é apenas o exercício ilegítimo da liberdade: o pecado *mata* a liberdade. Pois a liberdade está — na sua origem e essencialmente — ligada ao amor. Já o vimos. Não há liberdade quando se escolhe o mal. Antes de mentir, sou livre; quando digo a verdade, permaneço livre; se mentir, estou preso à minha mentira. E o mesmo ocorre com todos os outros pecados.

Ao sair da casa paterna, o filho mais novo não leva consigo a sua liberdade: leva-lhe o cadáver. Terá disso a triste experiência ao ver-se enclausurado na amargura do seu desregramento e, mais tarde, nas angústias da fome. A sua liberdade está morta. Tão orgulhoso de tê-la conquistado, ver-se-á reduzido a trabalhar para um pagão; ele, um judeu, terá de cuidar de animais impuros: todas as manhãs limpará um chiqueiro. Jesus afirmá-lo-á claramente, servindo-se da fórmula solene: *Em verdade, em verdade vos digo, todo aquele que comete um pecado torna-se escravo do pecado* (Jo 8, 34).

A língua francesa possui uma expressão profundamente verdadeira: *se livrer au mal*, entregar-se ao mal. Ao contrário do que acontece com a virtude, que significa, etimologicamente, coragem, força, espírito varonil — *virtus* —, e que efetivamente só se adquire mediante esforço, a pessoa que pratica o mal entrega-se ao mal, abandona-se ao mal. O que o pecador faz é simplesmente seguir a inclinação das suas paixões: basta-lhe deixar-se arrastar para o fundo de si mesmo.

A liberdade de fazer o mal não é senão uma caricatura da liberdade.

O homem prende-se necessariamente ao objeto do seu amor. Ao amar a Deus e aos seus irmãos, sujeita-se a um vínculo que o enobrece e que exalta a sua liberdade. Quando não obedece senão ao amor de si mesmo, deixa-se prender por laços que o aviltam e que esterilizam a sua liberdade. Ou a submissão do trabalhador a uma tarefa que enriquece o seu próprio valor, ou a submissão do avaro ao dinheiro que o escraviza. Ou o amor desinteressado ao bem comum que engrandece o homem, ou as intrigas do ambicioso, prisioneiro daqueles que lhe manipulam os interesses. Ou a sujeição do marido às afeições do seu lar, que o sustêm e fortificam, ou o apego do esposo infiel a uma aventura que lhe exige a entrega total do coração, do tempo, das posses e, se possível, do nome. *Servus est peccati.* Tornou-se escravo do pecado.

E a lei da gravidade verifica-se tanto na moral como na física. Quanto mais se prolonga a queda, mais rápida e profunda se torna; é em vão que o pecador se propõe não ultrapassar certos limites. Seja qual for a paixão a que cede, mal foi saciada, já exige novas e mais completas satisfações.

Não vemos que, geralmente, na virtude nos elevamos a alturas menores do que as que esperávamos; e, ao contrário, no pecado sempre descemos mais baixo do que prevíamos? Permanecemos sempre aquém do bem que queremos realizar, mas sempre vamos além do mal que pensávamos poder permitir-nos. Há limites na santidade; não os há no pecado. O pecador alienou a sua liberdade. O pecado, que perverte o coração, não altera a sua natureza: o coração humano permanece infinito nas suas aspirações.

Criado para amar a Deus acima de todas as coisas, o homem pode mudar o objeto da sua afeição, mas não a sua maneira de amar. Amará infinitamente, adorará. Mas já não será a Deus que adorará; tendo-se separado de Deus, transferirá a sublimidade dos seus impulsos para a paixão que o encadeia e escraviza, a tal ponto que acabará por pecar rotineiramente, sem gosto, porque é o dia, porque está na hora, porque é a ocasião. Está a serviço de um senhor que não lhe paga.

O arrependimento

Este é exatamente o estado de servidão que Cristo quis pôr de relevo ao imaginar a fome que se instala na região em que se encontra o filho pródigo. Já não há água nas torrentes, o capim está queimado, as lavouras perecem, as árvores não dão mais fruto, o pão escasseia e seu preço é altíssimo; *e ele começou a passar necessidade. Foi, pois, e pôs-se a serviço de um dos cidadãos daquela terra, que o mandou para os seus campos guardar porcos. E ele desejava encher o seu ventre das bolotas que os porcos comiam, e ninguém lhas dava.*

Os críticos, incapazes de respeitar uma obra-prima, pensam que esta sequência da parábola é forçada, inverossímil. Que ajudante de fazenda, dizem, não teria nesse caso subtraído um punhado de bolotas da ração dos porcos a fim de alimentar-se a si próprio? Não há dúvida! Mas isso seria não perceber a intenção do narrador. Cristo quer fazer-nos tocar com o dedo a horrível solidão do pecador. Caiu abaixo dos animais que guarda. O proprietário preocupa-se com a alimentação dos seus porcos, mas ninguém se ocupa dele, ninguém pensa em dar-lhe de comer. Para o mercador de porcos, a gordura de seus animais é mais preciosa do que a vida do seu empregado. O filho pródigo é abandonado por todos.

O esquecimento de Deus

Mas ainda não chegamos a ressaltar os detalhes que completam a caracterização do infeliz estado do pecador: a sua ruína, a sua indigência, a sua servidão são consequência do seu afastamento da casa paterna. Para desfrutar da sua liberdade, o filho mais novo partirá para um país distante. E Santo Agostinho nos dá a chave dessas duas palavras: *Regia longínqua quae est oblivio Dei,* partiu para «uma região longínqua que é o esquecimento de Deus».

O filho pródigo está no país do esquecimento. Na miséria sórdida em que se encontra esse antigo rico que se tornou empregado de fazenda, falta-lhe tudo o que compõe a vida de um homem: o pão, o lar a amizade, o amor, a dignidade, o respeito de si mesmo e, sobretudo, a esperança, pois a sua miséria não terminará. Foi para sempre que perdeu a liberdade, foi para sempre que perdeu tudo, até a memória. Eis o nó do drama.

Sabemos pela continuação da história que o filho pródigo recuperará a memória quando tiver entrado em si mesmo; mas neste momento vive fora de si, esqueceu todo o seu passado, esqueceu o seu pai. *Oblivio Dei.* Ah! era necessário que desprezasse o amor do pai no dia em que lhe recusou o seu próprio. Não podia deter-se a pensar na casa paterna que tanto lhe pesava; era preciso esquecê-la, cortar as amarras, era preciso ir tão longe quanto possível, para que ninguém viesse procurá-lo. Para poder governar-se com toda a independência, era preciso esquecer tudo o que deixava: e parte para uma região distante onde não o conhecerão, uma região pagã onde não haverá sinagoga que possa frequentar. Era-lhe necessário esquecer, afastar a lembrança do pai, para calar os últimos escrúpulos ou os primeiros remorsos.

O antigo salmista conhecia bem o drama: *Diz o ímpio no seu coração: não há Deus* (cf. Sl 10, 4). Não se pode expulsar a Deus do universo: não. Mas o ímpio não quer que haja um Deus que o incomode, e fala e age como se Deus não existisse.

Esse esquecer a Deus nem sempre é explícito. No começo, pelo menos, há pecadores que se entrincheiram por detrás de uma desculpa fácil: eu apenas queria satisfazer os meus sentidos, queria satisfazer a minha ambição, aplacar um desejo de vingança, mas nunca tive intenção de ofender a Deus; nem me passou pela cabeça. Está bem dito: nem me passou pela cabeça. *Oblivio Dei.* Deus estava esquecido. Mas será válida essa defesa? Não seria mais correto dizer: empurrei Deus para o esquecimento? Será que oravas, meu irmão, quando ruminavas a tua vingança, quando planejavas uma manobra míope para ter sucesso? Podias tu dizer simultaneamente: *seja feita a vossa vontade?*

Vamos, lembra-te, brincavas de esconde-esconde com Deus, fugias dEle, não querias orar.

O pecador que ora ainda está em risco de naufragar, mas não se afogou. Uma boia salva-vidas pode trazê-lo de volta à margem. Mas o pecador que alienou totalmente a sua liberdade, que passou da liberdade para a servidão, esse deixa de orar. E é nisto que, ao fim e ao cabo, se reconhece o pecador: é alguém que não consegue orar. Deus está ausente do seu espírito e da sua vida. Deus já não existe para ele; foi banido do horizonte da sua vida. Esse é o ponto final da recusa do amor.

Desesperado, morrendo de fome, mergulhado no fedor de um chiqueiro, o filho que recusou o amor de seu pai já não se lembra dele. Mas o pai não o esqueceu. Devolverá a esse alienado a memória perdida. Assim o veremos mais adiante, depois de voltarmos sem esse filho à casa do pai, para ali encontrarmos o outro pecador, esse que continua a viver junto do pai, sem no entanto haver-lhe dado todo o seu amor.

O pecado dos bons

Após o pecado do revoltado, do apóstata, do infiel, esse pecado que acaba de horrorizar-nos, temos agora — é preciso dizê-lo — o pecado do fiel, o pecado do praticante que se revela, afinal, um

O arrependimento

simples comerciante, o pecado camuflado, discreto, que passa despercebido por vezes até aos olhos de quem o comete, o pecado da maioria de nós. Pois esse primogênito era exteriormente um modelo de obediência: «*Há tantos anos que te sirvo, sem jamais haver transgredido nenhum dos teus mandamentos*». E o pai não o contradiz.

Esse filho nunca desobedeceu, ao contrário do mais novo. Podiam citá-lo como exemplo, e provavelmente assim o fariam os vizinhos, esforçando-se por consolar o pai na sua desgraça: «Não penses sempre no ausente, meu amigo; pelo menos o teu primogênito permaneceu contigo. A sua fidelidade deveria aplacar a tua dor...». E nós não lhe teceríamos senão elogios, não fora por esse incidente imprevisto, que põe a nu os refolhos mais íntimos do seu coração.

Sim, pensam à nossa volta que somos melhores do que os outros, e nós mesmos facilmente pensamos que, quando se fala em pecadores, se trata dos outros... E chega uma ocasião inesperada, surpreendente, em que nos convencemos de que também nós pertencemos redondamente à família dos pecadores.

Os santos bem sabiam disso. Francisco de Assis era sincero, não exagerava, e menos ainda cederia a uma falsa humildade quando se declarava diante de Deus «o maior dos pecadores». Com igual

O filho **PRÓDIGO**

sinceridade, Paulo escrevia a Timóteo: *Cristo Jesus veio ao mundo para salvar os pecadores, dos quais eu sou o primeiro* (1 Tm 1, 15). São Paulo! E é ele que se diz o último dos apóstolos e o primeiro dos pecadores... Mas, quanto àqueles que se orgulham cegamente dos seus méritos, a Providência se diverte em desenganá-los, suscitando-lhes inopinadamente uma ou outra ocasião de tropeço, como aconteceu com o filho mais velho.

Talvez já tenhamos passado por essa experiência. Sob um exterior virtuoso, o primogênito revela subitamente os maus sentimentos que se escondem no fundo do seu coração; talvez os viesse reprimindo, mas explodirão repentinamente sob a ação da cólera. Em um instante, esse modelo de obediência mostrar-se-á ambicioso, ciumento, invejoso, avaro, mau, duro: *«Há tantos anos que te sirvo!»*

Essa palavra dói: será que o pai alguma vez o considerou um servo? *Já não vos chamo servos,* diz Jesus aos doze; *mas chamei-vos amigos* (Jo 15, 15). O pai corrige a impropriedade da linguagem do mais velho: *«Filho, tu estás sempre comigo. Sempre te tratei como filho. Minha alegria era ver-te perto de mim, ao passo que tu contavas os serviços que me prestavas...».*

«Há tantos anos que te sirvo...»: é uma resposta que esconde mal toda uma série de mágoas

inconfessáveis. «Ah! se me fosse possível voltar atrás, não seria tão ingênuo... Aproveitaria ao máximo, como o mais novo... Nunca reclamei do meu trabalho, estava fora todo o tempo, trabalhei em dobro depois da partida do extraviado, para que a produção agrícola não sofresse com a sua ausência, e tu não tiveste a menor atenção comigo. Nunca me deste um cordeiro sequer para que o repartisse com os meus amigos».

«Mas alguma vez te recusei semelhante pedido?, pensará o pai. Se desejavas um cordeiro, bastava-te tomá-lo, e eu não te censuraria por isso. *Tudo o que é meu é teu.* Podia eu imaginar que, se tinhas algum desejo, não mo dirias? Podia eu supor que andavas aborrecido por minha causa? Duvidavas, então, da minha bondade para contigo?»

E entretanto o filho procura a palavra que pode ferir mais cruelmente o coração do pai. Nem deveríamos dizer «procura», porque, quando nos enfurecemos, encontramos sem procurar a palavra que dói, a palavra que nunca mais poderá ser reparada. «*Mas agora que voltou este teu filho* — ele evita cuidadosamente dizer "meu irmão"; não tem nada a ver com esse canalha —, mal chegou este teu filho, este que devorou os teus bens com as meretrizes, pois foi com as tuas economias que ele se entregou a essas orgias, com os bens pacientemente reunidos pelo teu trabalho, pelo nosso trabalho...

O filho PRÓDIGO

Se a virtude não costuma ser recompensada, o mesmo não acontece com o vício. Ah!, fui bobo em não fazer o mesmo; porque agora volta esse "senhor", morto de fome, e logo lhe mandas matar o novilho gordo, esse animal magnífico que venderíamos no mercado na próxima semana, e que nos teria rendido um bom dinheiro».

Não há dúvida de que o pai é tão perdulário quanto o filho. E ainda por cima os músicos, e as dançarinas, e que mais? Que desperdício! Que prêmio à imoralidade! E ele, o filho obediente...

São Paulo tinha toda a razão ao advertir-nos: *Não julgueis antes do tempo, enquanto não vier o Senhor, que não só porá às claras o que se acha escondido nas trevas, mas ainda descobrirá os desígnios dos corações; e então cada um receberá de Deus o louvor* (1 Cor 4, 5). Parecia tão bom, esse filho mais velho! Sim, mas não basta parecer, é necessário ser; e nem sempre se é o que se parece ser.

A INCAPACIDADE DE AMAR

Contudo, não podemos dizer do mais velho que não fosse virtuoso. Trabalhava até o cair da noite; quando, segundo a narrativa, a festa já se tinha iniciado, ele ainda estava voltando do campo. Mas as mais belas virtudes empalidecem aos olhos de Deus quando a pessoa se orgulha das suas virtudes. E ele não quis entrar. Já não se sente em casa, naquela casa em que se canta e se dança para participar da alegria do pai. A ele, é-lhe indiferente a alegria do pai. Recusa-se a participar dela. Como é grave que este filho obediente se torne incapaz de amar!

Quando já não se é capaz de amar, quando se obedece sem amor, está próxima a desobediência: *Ele indignou-se e não queria entrar.* Instrutivo observar em que circunstâncias esse filho, que sempre obedeceu, acaba por contrariar o amor de seu pai.

Tropeça numa verdade afirmada pelo Apóstolo São João, que às vezes nos custa admitir: *Se alguém disser: «Amo a Deus», mas não amar o seu irmão, mente* (1 Jo 4, 20). Ora, isto nos terá parecido excessivo mais de uma vez. Deus e o próximo são coisas distintas. A Deus, soberanamente amável, devo adoração e obediência; por que pôr entre Deus e mim aqueles dos meus semelhantes que, com toda a certeza, não são dignos de serem amados? Deus, sim, e sempre; o próximo, depende de cada caso. *Não,* diz-nos o Senhor. *Não,* repete São João. Não podes dizer que amas a teu Pai-Deus se não amas o teu irmão.

Eis, portanto, o véu que nos esconde Deus, que nos impede de nos aproximarmos dEle ou que nos afasta dEle: o nosso terrível egoísmo, o nosso insuportável amor-próprio, esse eu para o qual nos voltamos a toda a hora, o egoísmo que levou o filho

O filho **PRÓDIGO**

mais novo a deixar a casa paterna, o egoísmo que impediu o mais velho de nela entrar...

Todos egoístas, todos pecadores. Seria para desesperar, se o Senhor não tivesse vindo chamar «os pecadores», e não os justos. Como é que Ele fará de nós filhos que amam? Vê-lo-emos mais adiante. Agora basta que ganhemos consciência da nossa indigência.

A apostasia do coração

Foi intencionalmente que, ao comentar os textos evangélicos, evitei o mais possível as aplicações concretas. Cabe a cada um de nós fazê-lo, porque só cada um de nós poderá fazê-lo utilmente. E a utilidade não consistirá tanto em contarmos os nossos pecados, mas em nos convencermos da nossa condição de pecadores.

Para nos mantermos numa grande humildade, e sobretudo para darmos graças a Deus pelo amor que tem por nós, apesar da nossa indignidade, temos de compreender que somos pecadores. Já é uma graça muito grande. Pois não podemos ser salvos se não tivermos a certeza de estarmos perdidos.

Nesta reflexão sobre a nossa condição de pecadores, evidentemente levaremos em conta estas ou aquelas faltas graves que nos tenham feito perder o estado de graça, felizmente recuperado sem perdermos um minuto. Mas chamo a atenção para um ponto: ainda que distingamos, com razão — e é teoricamente muito útil —, entre pecado mortal e pecado venial, convém não abusarmos na prática dessa distinção.

Por um lado, muitas vezes é difícil saber se se deram as três condições que constituem o pecado mortal: matéria grave, pleno conhecimento e pleno consentimento. Por outro, essa dificuldade de apreciaçao é frequentemente, para alguns, causa de escrúpulos dolorosos. Quanta razão tinha Joana D'Arc em responder aos Doutores que lhe perguntavam indiscretamente se estava em estado de graça: «Se estiver, que Deus nele me guarde; se não estiver, que Deus nele me ponha».

Além disso, essa distinção entre pecado mortal e pecado venial pode provocar uma tendência ao relaxamento: enquanto não for pecado mortal... E vêm todos os abusos. Uma santa religiosa definia o pecado venial deliberado como «a apostasia do coração».

Os pecados de cada dia

Para nós, cristãos, há ainda a necessidade de distinguir entre pecado material e pecado formal. Por um lado, há esses pecados de surpresa, de fragilidade, que Santo Agostinho chamava *peccata*

O filho PRÓDIGO

cotidiana, os pecados de cada dia. Assim como existe o pão de cada dia, há os pecados de cada dia. O autor da *Imitação de Cristo* faz-se eco das palavras do grande Doutor: «Enquanto carregamos este corpo frágil, não podemos estar sem pecado». Devemos compreender que é impossível evitar a pressão do pecado, o que não significa que sempre consintamos nele conscientemente. E Santo Agostinho declarava — numa instrução aos catecúmenos, que iam comungar pela primeira vez — que esses pecados de surpresa, de fragilidade, esses pecados que cometemos todos os dias «são perdoados ao recitarmos as palavras da Oração Dominical, *dimitte nobis debita nostra,* perdoai-nos as nossas ofensas. Estão todos perdoados».

E há, por outro lado, os pecados livremente consentidos, principalmente as faltas deliberadas: um dever evidente, uma vontade explícita de Deus, deliberadamente omitida, adiada ou recusada. E neste caso há pecado formal, além do pecado puramente material.

Este pecado reside precisamente em regatearmos ou recusarmos o amor, como vimos atrás. Ora, para um cristão esclarecido e desejoso de permanecer fiel, não é necessário que esses pecados sejam declarados «mortais» para que deles se arrependa ou deles se abstenha. Não é raro que essa recusa positiva do amor se produza em matérias leves, mais do que em matérias graves. Pois bem, é principalmente isso que temos de considerar: o nosso egoísmo em face do amor de Deus.

Neste sentido, pode ser útil reler o capítulo 23 do Evangelho de São Mateus, transpondo para a nossa época e para as nossas condições de existência as acusações que o Senhor dirigia aos fariseus do seu tempo: *Coais um mosquito e engolis um camelo* (Mt 23, 24). Cuidemos de não ser desses cristãos que se acusam de distrações na oração, de não terem ido à missa num dia em que estavam acamados — como poderiam tê-lo feito? —, mas que não têm consciência de uma pequena calúnia assassina. Acusam-se de ter omitido algumas práticas religiosas — o dízimo da menta, da erva-doce e do cominho —, mas não se inquietam por terem omitido os pontos mais graves da lei, que Jesus enumera: a justiça, a misericórdia, a boa-fé. *E necessário*, dizia Jesus, *praticar estes sem omitir aqueles* (Mt 23, 23).

São João escrevia ao Anjo da Igreja de Éfeso, da parte do Senhor: *Conheço as tuas obras, o teu trabalho, a tua consciência. Sei que não suportas os malvados. Sofreste pelo meu nome sem te deixares abater. Mas tenho contra ti que deixaste esfriar o teu primeiro amor* (Ap 2, 2-4).

E pode ser que nos reconheçamos melhor nessa descrição, pois sinceramente detestamos o mal, amamos o Senhor, teremos sofrido por Ele.

O filho PRÓDIGO

Mas vejamos se não deixamos esfriar o nosso primitivo amor. Esfriamento na vigilância contra os nossos defeitos, esfriamento nos esforços por alcançar determinada virtude, enfraquecimento da fé, da caridade, negligência na oração.

Qualquer que seja o resultado do nosso exame de consciência, deve provocar em nós arrependimento e humildade, sem nos impelir para o desânimo. Não será Deus quem nos fará desanimar. Toda a tentação de desânimo merece esse nome — tentação —, porque seu autor é o demônio. Quando se procura fazer o melhor para amar a Deus, o desânimo nunca vem dEle, *nunca*.

Também será útil ler ou reler a oração que se encontra no capítulo nono do livro IV da Imitação de Cristo. É uma magnífica oração de oferecimento, que aliás se pode recitar frequentemente, como preparação para a Comunhão.

Aqui cito apenas o segundo parágrafo:

«Senhor, ofereço-Vos todos os meus pecados — estranho oferecimento, à primeira vista; mas Deus não o recusará, não somente porque deles nos arrependemos, mas porque todos os nossos pecados, uma vez perdoados, estão banhados no Sangue de seu Filho —; Senhor, ofereço-Vos todos os meus pecados e todas as minhas fraquezas, tudo o que cometi na vossa presença e na presença dos vossos santos Anjos, desde o dia em que pela primeira

O arrependimento

vez fui capaz de pecar até esta hora: ei-los depositados sobre o vosso altar propiciatório. De todo este amontoado de pecados fazei um único braseiro e consumi-os no fogo da vossa Caridade. Dos meus pecados apagai em mim todas as manchas, de todos os delitos purificai a minha consciência, perdoai-me tudo numa luz indulgente, e num ato de misericórdia tomai-me para dar-me o beijo da paz». Amém.

A conversão

A primeira tarefa de quem quer voltar para Deus é arrepender-se; a segunda, converter-se.

A aventura do filho pródigo fez-nos perceber como é grande a miséria do pecador; e a do filho calculista mostrou-nos que *todos* pertencemos à raça dos pecadores, e que não é preciso muito para descobrirmos em nós a raiz de todos os pecados. Sem presunção e sem desânimos, também nós fizemos o nosso *mea culpa*.

Continuemos a meditação da parábola. Examinemos agora em que consiste a conversão a que o Senhor nos chama a cada um de nós.

Entrar em si

Caindo em si... Deixáramos o filho pródigo no submundo da degradação: humilhado, aviltado, morrendo de fome. Desde o início da sua triste escapada, já não habitava a sua alma. Já não se conhecia tal como era. «O homem que só se ama a si mesmo, escreve Pascal, nada odeia tanto como estar a sós consigo mesmo». Mas, porque Deus quer salvá-lo, cedo ou tarde vem a hora em que o pecador entra em si sob o efeito da misericórdia divina; pois o filho desmemoriado não teria entrado em si se uma graça especial do Espírito Santo não o tivesse levado a descer até o seu íntimo, para lembrar-lhe tudo o que esquecera.

Regio longínqua... oblivio Dei.

Esquecera Deus; Deus não o esquecia. Mas como forçar as portas dessa memória obstinadamente fechada e até então impermeável à graça? Para isso, Deus tem todos os meios ao seu alcance. Utiliza frequentemente as provações físicas ou morais, e sob os golpes do malogro, da decepção, do sofrimento, o pecador entra em si mesmo, nesse reduto onde o espera a graça de Deus.

Novas luzes

Caindo em si, disse: Quantos jornaleiros de meu pai têm pão em abundância, e eu aqui morro de fome! Não há dúvida de que, ao entrar em si, o pródigo vê em primeiro lugar e quase que exclusivamente a sua miséria. Ainda não enxerga a malícia do pecado; ainda é cedo para isso. Vê-la-á mais tarde. Agora vê somente a sua indigência e o seu sofrimento, aparentemente irremediáveis: *Morro de fome!*

Lembremo-nos bem disto: não compreendemos a gravidade do pecado senão depois de nos termos convertido e, muitas vezes, vários anos depois de convertidos. Digo isto para dissipar

A conversão

a inquietação de alguns cristãos que, quando se recolhem interiormente, compreendem melhor a gravidade de suas faltas e temem então não se terem acusado suficientemente dos seus pecados de outrora, de tal modo se apercebem de toda a sua gravidade. Sim, é uma nova luz que Deus nos envia; quando pecamos, não tínhamos a luz que temos hoje; é uma graça nova que Deus nos envia. Não nos inquietemos com isso, portanto: é só depois de convertidos que compreendemos a gravidade do pecado. Não se pode compreendê-la antes; é preciso subir e sair do poço para medir--lhe a profundidade.

Morro de fome... O filho pródigo teria podido ruminar indefinidamente a sua desgraça, que não teria saído dela se a graça de Deus não viesse em seu auxílio. E o que faz Deus quando ilumina a consciência do pecador?

Geralmente — pois Deus dispõe de todos os meios —, relembra ao pecador a sua própria história: tudo o que teve, tudo o que deixou, tudo o que perdeu. Nas angústias da fome, o pródigo revê os anos da sua juventude; recorda-se da casa de seu pai, dessa casa onde era necessário amar e, consequentemente, obedecer, mas onde não faltava nada. Revê essa casa acolhedora, onde os viajantes encontravam sempre um lugar à mesa e o último dos operários tinha pão de sobra.

O filho **PRÓDIGO**

Ainda existe essa casa de que ele fugiu para tão longe... Ainda existe o seu pai. Ele já não pode dizer-se seu filho. Tornou-se indigno de lhe usar o nome, mas seu pai não mudou, deve ter permanecido o mesmo, esse pai que por excesso de bondade não tentou retê-lo, esse pai cujo coração ele despedaçou e cujos bens dilapidou, a quem afligiu e desonrou. O filho pródigo arruinou-se, perdeu tudo. Nenhuma mão disposta a socorrê-lo se estenderá para ele. Todos lhe darão as costas sem piedade: ele não merece outra coisa, depois do que fez. Nada mais lhe resta no mundo a não ser esse pai cujo carinho ele retribuiu tão mal...

E é a primeira vez que entende a dor atroz que a sua partida causou ao pai, maior talvez do que a que ele próprio padece no meio dos porcos. E eis que a sua própria dor o aflige menos do que a de seu pai: agora aproxima-se do arrependimento. Ganha consciência da sua maldade, e as primeiras lágrimas de remorso correm pelo seu rosto emagrecido.

Arrependimento e humildade

Mas tomemos cuidado: o remorso ainda não é a conversão. Posso perfeitamente dar a volta ao mundo, pensa ele, que não encontrarei uma casa como a de meu pai, essa que deixei tão acintosamente. Se alguma casa ainda pode acolher este dejeto em que me tornei, é a de meu pai. Que ele faça de mim o que quiser, que me trate como escravo, pois já não sou digno de ser chamado seu filho. Prefiro ser o último na sua casa a viver mais um dia sequer em qualquer outro lugar. Partirei, voltarei para ele, não tentarei desculpar a minha conduta, condenar-me--ei diante dele: «Pai, eu te ofendi e, ao ofender-te, pequei contra o Céu. Trata-me com o máximo rigor, porque o mereci. Suportarei tudo, desde que nunca mais fique longe de ti, desde que não retorne à minha miséria».

E, levantando-se, foi para seu pai.

Merecer o perdão?

«Muito bonito!, dizem certos defensores da moral. Eis uma conversão muito cômoda e um arrependimento muito suspeito! Será que não vedes que o rapaz não mudou nada? Continua a ser um egoísta tremendo. Volta para casa, mas é para ter pão; especula com a bondade do pai. Pouco se lhe dava a casa paterna quando a deixou. E se agora volta — é ele mesmo que o diz —, é porque os criados lá comem quanto quiserem. Que esse preguiçoso comece por mudar de vida!

«É jovem, pode trabalhar, tem boa cultura; pois que vá procurar um emprego. Toda a falta deve ser expiada! Que se reabilite levando uma vida difícil,

O filho PRÓDIGO

talvez impondo-se a si mesmo uma rude disciplina; assim mostrará a sinceridade do seu arrependimento. E quando tiver dado provas de que verdadeiramente renunciou aos seus extravios, pois bem, então que escreva ao pai solicitando-lhe muito humildemente o seu perdão, pedindo-lhe que o reintegre no lar de que desertou».

Isto é o mesmo que dizer: que espere até ter *merecido* o perdão. Que prove primeiro a sinceridade do seu arrependimento. Mas quanto tempo lhe fixamos nós para a sua reabilitação? Em quanto tempo será digno de cruzar a soleira da casa paterna? Algum dia será digno de fazê-lo? E, nesse meio tempo, seu pai esperará por ele, esse pai que continua inconsolável com a sua partida.

Não seremos nós que usaremos essa linguagem severa, não é verdade? Pelo contrário, penso que, na decisão do pecador aflito com o seu pecado, procuraremos motivos que testemunhem a favor do seu arrependimento. Diremos que o seu arrependimento é humilde: ele volta para a casa paterna a fim de humilhar-se; reconhece espontaneamente que já não é digno de ser tratado como filho; ao invés de recusar-se a expiar a sua má conduta, adianta-se a receber o castigo que seu pai queira infligir-lhe.

Trabalhará como um assalariado, sem nada gastar para si, a fim de poder, se possível, comprar novamente os campos que fora necessário vender quando teve o despudor de exigir a sua parte na herança. Não lhe cabe a menor dúvida de que a sua vida será dura daí em diante. Depois de se ter mordido o fruto proibido, torna-se duro obedecer.

Por outro lado, imagina as humilhações que o esperam quando os vizinhos, os empregados, o irmão mais velho o virem voltando, vestido de farrapos, totalmente despojado, pois já não tem mais nada... Há já um bom tempo que vendeu o seu anel, último sinal externo da sua liberdade... Não irão vaiá-lo todos? Esses pensamentos e outros não menos deprimentes assaltariam sem dúvida o seu espírito, enquanto apressava o passo em direção à casa paterna, apesar da dor de seus pés que sangravam.

Quanto a nós, que procuramos ser misericordiosos, sinto que estamos dispostos a defender o culpado. Esse caminho de volta, em que suporta tanto sofrimento, não é já — diremos — o começo da expiação? No entanto, devemos pensar que tanto os que se inclinam à indulgência como os que exigem severidade estão igualmente distantes do ensinamento da parábola. Pois uns e outros querem que o pecador tenha *merecido* o seu perdão.

Se falamos assim do arrependimento, ajuizamo-lo com olhos de moralistas. «Senhor, eu tinha pecado, mas converti-me, reneguei o meu passado, sacrifiquei-vos a minha paixão culposa, fiz uma longa penitência, multipliquei os meus jejuns e

O filho **PRÓDIGO**

esmolas. Agora, Senhor, aceitar-me-eis de novo na vossa casa?» Mas não vemos que é nessa atitude que residem o egoísmo e o cálculo? É inacreditável, mas estamos enchendo de orgulho o nosso arrependimento!

Não modifiquemos os dados da parábola, retirando ao retorno do filho pródigo o seu caráter *totalmente* humilhante. Esse jovem não tem *nada* com que justificar-se diante de seu pai. Não fez sacrifício algum. Grande renúncia a sua, a de haver renunciado às bolotas que comiam os porcos! Retorna *porque morre de fome, porque não aguenta mais,* porque chegou ao fim da estrada! Não procura fazer-se passar por um ilustre penitente: regressa porque atingiu o fundo da sua miséria e não tem nenhum outro meio de sair dela senão vindo bater à casa do pai.

Permaneceu longe do pai durante todo o tempo que pôde, e volta agora porque não resiste mais, porque é a sua última oportunidade de salvar-se! Sabe perfeitamente que é uma criatura desprezível, e que todo o mundo tem o direito de virar o rosto à sua passagem. Sabe-o, chora por isso, mas sabe também que no mundo há apenas uma pessoa capaz de não o repelir: seu pai, a quem nada tem para oferecer. Sim, seu pai, aquele a quem tanto ofendeu, é o único que talvez se disponha a acolhê-lo.

E levantando-se, foi para seu pai.

O amor do Pai

Não pensemos que sabemos mais do que o Senhor. Não nos tornemos ridículos corrigindo as suas parábolas. Leiamo-las tal como Ele as pronunciou, e perceberemos que Jesus não perdeu o tempo analisando-nos os sentimentos do culpado. Sem transição, eis-nos transportados à casa paterna.

É necessário compreender que o fulcro da parábola está aqui, nesta conversão inesperada e repentina, e que a personagem principal da parábola não é o filho pródigo, nem tampouco o mais velho, o filho recalcitrante. A personagem principal é *o pai*. Toda a parábola gira em torno do pai. O pai enxovalhado pelo mais novo, o pai incompreendido pelo mais velho, o pai que abre a sua casa ao desobediente, o pai que suplica ao obediente que se digne nela entrar. Os dois filhos estão lá para ressaltar os traços do pai.

São Lucas cuidou de no-lo dizer. Quando foi que Jesus contou esta parábola? Quando respondia aos escribas e fariseus, que se indignavam vendo-o acolher os publicanos e os pecadores. E nós devíamos saber como Deus acolhe o pecador que vem a ele, que vem a ele *sem mérito,* de mãos sujas e de mãos vazias, e como a sua misericórdia perdoa a nossa miséria.

Eis-nos no centro da parábola.

O filho PRÓDIGO

O filho pródigo distingue agora ao longe a fazenda paterna e os campos que a cercam. Treme e diminui o passo; seu coração bate com força. Uma angústia lhe oprime o peito. E se for expulso? No fundo, nada seria mais justo. Só agora que começa a entrever a malícia do seu pecado. Sente na carne a incompreensível dureza com que tratou o pai. Será capaz sequer de suportar-lhe o olhar? Mas pouco importa que lhe desperte a cólera, o que importa é que lhe confesse a sua falta. O dia declina, e ele avança lentamente, com as pernas cambaleantes.

Um outro coração, porém, bate mais fortemente que o seu: o coração do pai, que nunca se conformou com a partida daquele filho. Cada tarde, depois desse dia fatal, ele sobe até o extremo do terraço, donde a vista domina as adjacências. Cada tarde perscruta as estradas circunvizinhas, para depois tornar aos seus aposentos com o coração um pouco mais pesado. E no dia seguinte volta a subir: quem sabe se o seu filho não regressará hoje? Mas não, é uma esperança insensata, seu filho está perdido, está morto... Os meses, os anos se passaram: seu filho não voltou. No entanto, a esperança sobrepuja o desespero, é mais forte do que ele próprio, e a cada entardecer torna a perscrutar o horizonte, à espera daquele que partiu.

Que teria acontecido se naquela tarde, cansado de esperar, o pai não tivesse subido ao terraço? Ou se o filho pródigo, à entrada da casa, não tivesse

A conversão

encontrado senão um servo que o enxotasse brutalmente, tomando-o por um vagabundo? Ou — nem é bom pensar nisso — se tivesse topado com o irmão mais velho? Se... Se... Quantas hipóteses, com efeito, teriam podido ocorrer de modo a privar para sempre o pecador do seu perdão! Muitos de nós terão talvez essa experiência: por pouco não conseguiam certa tarde aliviar a sua consciência de uma falta que lhes pesava. A igreja podia ter estado fechada, ou ausente o sacerdote que procuravam. Teriam voltado no dia seguinte? Como foi possível que, pelo contrário, tudo tivesse dado tão certo para que, no momento em que estavam dispostos, pudessem receber o perdão de que precisavam? Tudo se passou por acaso? Ora vamos! Alguém arranjou tudo: aquele que nos esperava, o nosso Pai...

O pai da parábola subira ao terraço naquela tarde, como de costume. Mas desta vez vê uma silhueta que se destaca ao longe, um mendigo, provavelmente um desempregado. Ele, porém, reconhece-o pela maneira de andar. Seu coração lhe diz que é o seu filho. Mas para que tentar parafrasear o texto do Evangelho, tão expressivo na sua brevidade? *Quando ainda estava longe, seu pai o viu e, compadecido, correu-lhe ao encontro e se lançou ao seu pescoço e o cobriu de beijos.*

Parece que estamos sonhando! Continua tudo ao contrário. Em vez de esperar gravemente que o

O filho **PRÓDIGO**

culpado se apresente diante dele, o pai precipita-se ao seu encontro. Esperar... esperar... Já esperava por esse retorno há muito tempo, há demasiado tempo! Não esperará sequer um minuto mais e, apesar da idade, corre como um jovem ao encontro do filho que se aproxima cheio de vergonha. Que faz ele com a sua dignidade? E com o prestígio da autoridade paterna?

E que fazemos nós com o nosso amor?

A ALEGRIA DE DEUS

O pai tem pressa de reconquistar o objeto da sua ternura: joga-se ao pescoço do filho, aperta-o de encontro ao peito, sem se importar com o odor de chiqueiro que exalam as suas vestes sórdidas. Aperta-o em seus braços. O filho mal consegue dizer a frase que preparara: *«Pai pequei contra o Céu e contra ti. Já não sou digno de ser chamado teu filho»*. O pai não quer ouvir mais nada. E o filho não consegue terminar a sua frase: *«trata-me como um dos teus jornaleiros»*, pois o pai toma-lhe a cabeça entre as mãos e cobre-o de beijos. O filho não compreende nada. Em que pensa seu pai, tratando-o assim?

Nós, sábios moralistas, também não compreendemos nada: é a falência da moral. O pecado é uma revolta e uma injúria. Pode Deus aceitar que as regras da sua justiça não sejam respeitadas?

Mas o pecado não é apenas um mal, é também a nossa infelicidade, a nossa maior infelicidade; é por isso que, ultrajando efetivamente a santidade de Deus, simultaneamente comove a sua misericórdia. *Compadecido*, diz a parábola. O pecado afasta Deus do pecador, o arrependimento atrai Deus para o pecador. Esse pecador que regressa é o filho que estava perdido e foi achado, que pensavam estar morto e voltou. Vive!

Não, o filho não compreende nada. Esperava um lugar modesto, o último naquela casa que desonrara. Contava talvez com um pedaço de pão, e eis que vão matar para ele o novilho gordo... Pensava em *si*, mas não pensava que faria a alegria de seu pai e de toda a casa!

Excessivamente preocupados conosco próprios e com a nossa salvação, já nos ocorreu pensar que, ao convertermo-nos, nós, os pecadores, fazemos a alegria de Deus e de toda a Igreja? Esta é, no entanto, a lição das três parábolas da misericórdia*: a alegria no Céu, a alegria entre os anjos, a alegria do Pai, que *é maior por um pecador que se converte do que por noventa e nove justos que não necessitam de conversão* (Lc 15, 7).

---

* Além da parábola do filho pródigo, as duas outras a que o Autor se refere são a da ovelha desgarrada (Lc 15, 3-7) e a da dracma perdida (Lc 15, 8-10). [N. T.]

O filho PRÓDIGO

A VERDADEIRA GRAVIDADE DO PECADO

Se Jesus não o tivesse dito tão claramente, poderíamos nós imaginar que, antes de que Deus nos dê a sua alegria, nós podemos dá-la a Ele, e que está em nossas mãos dar-lha? E que, voltando para Ele, cumulamos de alegria o reino dos Céus? Só pensávamos na nossa pena e na nossa felicidade; Jesus faz-nos entrever, acima disso, a pena e a felicidade de Deus.

É só agora, uma vez situados nesta perspectiva revelada por Jesus Cristo, que descobrimos a gravidade do pecado; não a descobrimos quando medimos a nossa leviandade, a nossa perfídia ou a nossa vergonha; não a descobrimos quando sofremos as consequências penosas de nossas faltas, mas unicamente quando tentamos avaliar a felicidade de Deus ao voltarmos para Ele.

Agora compreendemos, finalmente, o sofrimento que os nossos pecados lhe causaram. Não, não sabíamos que o nosso pecado era tão grave, não sabíamos que estávamos a ponto de causar o luto de Deus por toda a eternidade... Nós o havíamos privado eternamente de um de seus filhos. Ele nos tinha perdido. Nós tínhamos matado em nós a vida que Ele nos dera.

A sua felicidade me faz descobrir o mal que pratiquei. Por que esses cantos? Por que esse banquete? Por que essas danças? O próprio exagero desta festa,

A conversão

a inverossímil acolhida ao filho pródigo, mostram-me não só a alegria de Deus, mas também o perigo que eu correra.

«Meu filho estava morto e reviveu».

O filho pródigo entende enfim donde é que volta, e — prestemos atenção — só agora é que está convertido. Não estava convertido quando morria de fome. Não estava convertido quando sofria no caminho do retorno. *É nos braços de seu pai que se realiza a sua conversão.* É por isso que a parábola já não lhe passa mais a palavra, mesmo que esteja arrependido. Do lugar onde se deu o emocionante encontro entre o pai e o filho, a parábola desloca-nos imediatamente para a sede da fazenda, onde o pai dá as suas ordens aos servos.

Um homem novo

Deus, que se precipitara ao encontro da sua criatura pecadora, não contém a sua alegria, e fará do pecador um homem novo.

Já não reconhecemos o antigo porqueiro: em vez das vestes em farrapos, traz agora uma túnica nova, a mais bela que os criados puderam encontrar nos armários, e que fôra dobrada com todo o cuidado pelas mulheres da casa. Seus pés doloridos foram lavados e calçam agora sólidas sandálias novas. Em seu dedo brilha um anel de ouro, sinal distintivo

O filho PRÓDIGO

do filho da família. Cheio de alegria, o pai não pensa senão em festejar: envia uns servos a chamar os convivas, outros à procura dos músicos e das dançarinas: «*comamos e alegremo-nos!*». Quanto ao filho, deixa-se festejar. Com efeito, nada mais tem a fazer senão deixar-se festejar. Se tivesse sido consultado, talvez tivesse preferido uma refeição mais íntima; mas seu pai está tão contente em mostrar a todos o filho que lhe faltava!

Eis o fulcro da parábola: *o filho que lhe faltava*. Para o pastor, a ovelha desgarrada era a centésima, mas era aquela que lhe faltava. Como na parábola da mulher que deixa cair as suas dez dracmas, e só encontra nove: não pensa nas nove, mas na que está faltando. Havíamos nós de querer que o filho pródigo arrependido, com a intenção de se punir, tivesse insistido em ir jantar na cozinha, com os mercenários, e recusado sentar-se ao lado de seu pai, à mesa magnificamente servida? Que dor lhe teria causado, que injúria lhe teria feito, sob o pretexto da sua indignidade! Compreendemos que teria sido outra vez o seu amor-próprio que teria fugido ao amor do pai. Não estaria convertido, e toda a história recomeçaria: mais uma vez o egoísmo teria triunfado sobre o amor de Deus.

Mas está convertido, e deixar-se-á vencer pelo amor do pai. Não deve mais falar-lhe da sua ingratidão passada nem da sua conduta indigna:

A conversão

que nunca mais a mencione! Não tem outra coisa a fazer senão deixar-se amar e nunca mais abandonar seu pai. Ele, o filho perdido e encontrado, o filho morto que tornou à vida, deve alegrar-se com o pai para lhe mostrar como confia plenamente no seu amor.

Mais de um cristão, cada vez que medita nesta parábola, evoca tristes experiências pessoais, mais ou menos graves: erros, faltas, longas séries de impiedades que pertencem, graças a Deus, a um passado felizmente desaparecido sob a generosidade da misericórdia divina. Dizemos bem, sim: graças a Deus, e para sempre. Não é demasiado o tempo que nos resta por viver para agradecermos ao Senhor esse ter-nos restabelecido na sua amizade.

Mas uma outra consideração se nos impõe agora a todos, quer tenhamos ofendido a Deus gravemente, quer pertençamos ao grupo daqueles a quem a sua graça preservou dessa infelicidade. Não somos todos «pobres pecadores»? E não temos todos que nos acusar de não estarmos ainda plenamente convertidos?

É o que atormenta as consciências mais delicadas, mas esse é precisamente o efeito de toda a reflexão profunda: reconverter-nos ao Senhor. Assim, para levarmos a uma conclusão imediata estas considerações, lembrar-nos-emos de que *ninguém se converte de uma vez por todas,* e de que *ninguém se converte sozinho.*

O filho **PRÓDIGO**

TODOS OS DIAS, UMA NOVA CONVERSÃO

Em primeiro lugar, ninguém se converte de uma vez por todas.

Certo escritor, recentemente falecido, pôde imaginar — sem pegar uma meningite! — que o filho pródigo, depois de retornar à casa paterna, não teria podido suportar o convívio com o pai e o teria deixado pela segunda vez, agora para sempre.

Eu prefiro supor que todos os dias ele se jogaria nos braços desse pai que o perdoara tão generosamente... Pois na realidade não estaria imune às lembranças da vida passada, que tornam a implantar-se no espírito, embora procuremos afastá-las; menos ainda estaria livre do brusco reacender das paixões. Teria, pois, necessidade de reencontrar todas as manhãs a alegria que brilhava nos olhos de seu pai. Teria necessidade de receber todos os dias esse beijo que o purificava.

Ninguém se converte de uma vez por todas. «Não creias, escrevia Orígenes no século III, que mudar de vida é coisa que se faça de uma só vez. Todos os dias é necessário renovar essa novidade de vida». Que é, afinal, a conversão?

Eis que o Reino de Deus está no meio de vós, convertei-vos (cf. Lc 17, 21), diz-nos o Evangelho. Muitas vezes traduz-se essa expressão por «fazei penitência», mas a tradução fiel do grego, que aliás

A conversão

corresponde à expressão hebraica equivalente, é «metanoia», que significa uma reviravolta da pessoa inteira, da inteligência, do coração, da vontade. Trata-se de uma verdadeira transformação, de uma «conversão». E não é exagero dizer que toda a nossa vida espiritual é uma contínua conversão.

A conversão não é, como alguns imaginam, uma condição preliminar da vida cristã, uma espécie de antecâmara pela qual se entra no Reino. É *a* condição *permanente* de uma vida cristã. Essa transformação radical, que tende a fazer de nós filhos de Deus, nunca está terminada.

Temos, pois, de fazer um esforço contínuo para nos voltarmos para Deus. Naturalmente, encontramos em nós uma inclinação para a autonomia, para o poder, para a ambição, para a riqueza, para o prazer, todas as inclinações da natureza a que São Paulo chamava *os desejos da carne, que se opõem aos desejos do Espírito* (cf. Gl 5, 17). Naturalmente, as nossas faltas passadas deixaram em nós vestígios, cicatrizes, pregas: pregas e dobras como as que se fazem numa folha de papel ou num tecido, e que voltam sempre, vincos que já não saem mais.

Santo Agostinho conheceu bem esse encadeamento de vaidades, de misérias, essas «antigas amigas», como as chama nas *Confissões;* «puxavam--me — escreve — pela minha roupa de carne e diziam-me em voz baixa: "Queres deixar-nos?

55

O filho PRÓDIGO

Já não estaremos mais contigo, nunca, nunca?" (...) E que coisas, meu Deus, que coisas me sugeriam (...)! É verdade que (...) já não me enfrentavam cara a cara, limitando-se a sussurrar-me pelas costas e a beliscar-me às escondidas, para que me voltasse enquanto me ia afastando delas».

Certamente, a prática da vida cristã, o recurso assíduo aos sacramentos atenua a atração pelo mal; mas seria muita presunção supor que essa atração algum dia desaparecerá, pois nesse caso nos exporíamos muitas vezes a um despertar inesperado e a surpresas desastrosas; tanto mais que vivemos num mundo que nos convida incessantemente ao mal ou, pelo menos, à mediocridade.

A conversão cotidiana não é, graças a Deus, uma mudança que se faça necessária por um pecado cometido na véspera, não! Ela é cotidiana no sentido de que é diariamente que temos de nos aprumar e voltar a orientar-nos. Isto é assim, mesmo com as pessoas mais avançadas na vida cristã, que não se contentam com cumprir o seu dever, mas procuram nada recusar a Deus. Há pessoas que se guiam pelo amor, mas não sabem que o amor é muito mais totalitário que o dever. Tem exigências maiores, mais fortes. Quando se coloca a tônica no amor, o esforço é certamente menos duro, mas é mais total, mais absorvente. E requer também um contínuo retorno.

Não nos surpreendamos, pois, de ainda não nos termos tornado esses cristãos perfeitos, acabados, que desejamos ser. *Ele nos aperfeiçoará*, diz São Pedro (1 Pe 5, 10): é o Senhor que nos dará o acabamento na sua glória. Aqui em baixo jamais seremos perfeitos, mas estaremos sempre a caminho. Jesus disse-nos, com efeito, no Evangelho de São Mateus: *Estote perfecti* (Mt 5, 48), sêde perfeitos; é um imperativo, sim, mas um imperativo futuro.

Esta convicção não nos deve desencorajar. E sobretudo não nos autoriza a afrouxar no nosso empenho. Obriga-nos sempre a um esforço renovado cada dia.

Ninguém se converte sozinho

Depois de estarmos certos disto, resta convencermo-nos de que ninguém se converte sozinho.

Neste ponto, talvez tenhamos antes uma resolução a tomar, porque, se os nossos esforços para nos convertermos se revelam às vezes pouco duradouros ou pouco eficazes, isso se deve menos à má vontade do que a um método defeituoso. Pomos o carro adiante dos bois, isto é, o humano antes do divino. Há quem pense, por exemplo, que a conversão consiste em corrigir um defeito, o defeito dominante. E lança-se ao trabalho montando um sistema de luta inteligente e ativo, empregando controles e sanções, sem perceber que se entrega a um esforço totalmente humano; na melhor das hipóteses, acabará por aprimorar o seu valor como homem, mas só com isso não se terá convertido.

Não há nada que mais facilmente conduza à ilusão do que progredir numa só virtude. O verdadeiro progresso reside *na* virtude, isto é, para o cristão, no amor a Deus, manifestado pela obediência a todos os seus desejos. Atacando apenas um defeito, procede-se a um isolamento artificial. Não há em nós um «eu» que seja orgulhoso, a seu lado outro que seja mentiroso, e outro ainda preguiçoso; é o mesmo «eu» que é tudo isso, e é esse «eu» todo inteiro que é necessário converter. A conversão consiste menos em mudarmos de conduta do que em nos mudarmos a nós mesmos. A conversão é um movimento de totalidade, que terá por *consequência* a correção dos nossos defeitos e a prática das virtudes.

Há também pessoas para quem converter-se significa desapegar-se de alguma coisa, de um hábito, de uma fantasia, talvez de uma influência nociva. Mas tudo isso é também o *resultado* da conversão, não a própria conversão. Quando não se está convertido, esse desapego é impossível, ou não é duradouro. Por quê? Porque o homem é um ser incompleto que tem necessidade de completar-se, e portanto, de apegar-se àquilo que o completa.

A conversão

Falávamos disto páginas atrás. Dizemos a esta pessoa: desprende-te do teu dinheiro, que te é prejudicial, dessas honrarias que são más para ti, dessa amizade, dessa satisfação... Ele tenta, mas logo a seguir se encontra suspenso no vazio. Falta-lhe um ponto de apoio. É necessário que antes se tenha deixado atrair por um objeto mais nobre, mais belo, mais útil. Agora não estará no vazio, agora não estará sem amor. Um apego melhor o satisfaz, e já pode romper as amarras que o retinham no mal ou na mediocridade.

«Renuncio a Satanás e ligo-me a Jesus Cristo para sempre».

O pagão que vai receber o batismo e pronuncia estas palavras, renunciaria a Satanás se antes não tivesse conhecido Jesus Cristo? Conosco ocorre o mesmo. Não é por termos renunciado a Satanás que nos prendemos a Jesus Cristo, mas ao contrário.

O mercador da parábola só vendeu toda a sua fortuna depois de ter achado a pérola de grande valor. Acabamos de vê-lo: é por ter voltado e por se ter deixado abraçar pelo pai que o filho pródigo pôde converter-se num homem novo. Foi nos braços de seu pai que compreendeu a gravidade do seu pecado. Foi nos braços de seu pai que se converteu e se tornou semelhante a uma criança, uma criança que pode recomeçar a vida.

A intimidade com Cristo

Gravemos bem no nosso espírito que é Jesus Cristo quem nos converte, Ele quem nos faz regressar, quem nos muda e transforma. Converter-se não é primeiro desligar-se do mal, do mal que nos atrai, que nos traz um bem; um bem efêmero, enganoso, sem dúvida, mas de qualquer forma um bem, pois de outro modo não pecaríamos. Converter-se é primeiro voltar-se para Jesus Cristo, voltar-se continuamente para Ele, encontrar nEle uma alegria melhor, mais alta, mais profunda, que nos afasta do mal.

O erro dos métodos de luta contra os defeitos consiste em pôr o acento na renúncia. A renúncia é indispensável, não há dúvida. O Senhor o disse claramente. Mas devemos concordar em que renunciar por renunciar seria um absurdo. Não é razoável renunciar ao menos, a não ser que se possua o mais. Posso dizer *não* ao meu orgulho, ao dinheiro, à sensualidade, porque disse *sim* a Jesus, porque descobri em Jesus outra riqueza e uma riqueza maior.

É Jesus quem nos afasta do mal. Basta-me compreender o seu amor por mim, deixar-me ganhar pelo seu amor até fazer-me uma só coisa com Ele! Então, não sozinho, mas os dois juntos, eu segurando-lhe a mão, Ele puxando-me pelo braço, poderei afastar-me do pecado, desapegar-me do mal.

A conversão

Este é o termo da conversão, dessa conversão que nunca termina, que deve sempre recomeçar, que dura tanto como a nossa vida: *chegarmos a ser um só com Jesus Cristo*. É a palavra final da vida cristã.

Vale a pena, pois, examinar o lugar que a intimidade com Cristo ocupa na nossa vida. Verifiquemos se as fraquezas de que nos acusamos, as nossas estagnações, os nossos recuos —que certamente são imputáveis, em parte, a um relaxamento da vontade e ao medo do esforço — não têm a sua causa inicial na negligência ou no abandono da oração. Se nos custa tanto afastar-nos do mal, não será porque estamos afastados do Senhor?

Que tempo destinamos à oração todos os dias? É suficiente? Respeitamo-lo sempre? A nossa oração da manhã: é o olhar do filho pródigo nos olhos de seu pai? Antes de iniciarmos os deveres do dia, interroguemo-nos sobre a qualidade da nossa oração. É verdadeiramente um colóquio cordial com o Senhor? Temos o cuidado de alimentar essa conversa com a leitura meditada do Evangelho?

Talvez nos queixemos de falta de gosto pela oração. Nesse caso, é a nossa própria fé que está em jogo, porque, se cremos realmente que o Senhor nos ama, então não nos importaremos de não ter gosto em orar. Não recusaremos ao Senhor esses poucos minutos de intimidade, mesmo que o nosso coração esteja frio, mesmo que a nossa cabeça esteja vazia, mesmo que nos faltem as palavras. O Senhor conhece as nossas dificuldades. É Ele que nos chama, é Ele que nos espera cada dia; Ele tem coisas a dizer-nos. «A bondade divina, escreve São Francisco de Sales, tem mais prazer em dar-nos as suas graças do que nós em recebê-las».

O filho pródigo nem sequer imaginava a alegria que daria a seu pai. E nós também esquecemos que Deus fica contente ao ver-nos vindo para Ele. É algo inconcebível, sem dúvida. Homem algum teria podido descobrir essa verdade, se o Filho de Deus não tivesse descido do céu para no-la revelar. Mas Ele nos disse: *Meu Pai vos ama.*

Quando fazemos o sinal da Cruz pela manhã, quando nos ajoelhamos à noite, quando levantamos o nosso pensamento para Deus no meio do trabalho, quando fazemos um desvio para rezar uns minutos numa igreja, cada uma dessas vezes tornamos o Senhor feliz. Seu filho não está perdido, seu filho não está morto, seu filho está sempre com Ele.

Deixo-vos, pois, esta verdade inquietante, arrasadora: temos em nossas mãos o poder de tornar feliz a Deus.

Direção geral
Renata Ferlin Sugai

Direção editorial
Hugo Langone

Produção editorial
Juliana Amato
Gabriela Haeitmann
Ronaldo Vasconcelos
Roberto Martins

Capa
Gabriela Haeitmann

Diagramação
Sérgio Ramalho

ESTE LIVRO ACABOU DE SE IMPRIMIR
A 29 DE ABRIL DE 2024,
EM PAPEL PÓLEN BOLD 90 g/m^2.